달의 기식자

김연아 시집

문예중앙시선
52

달의 기식자

김연아 시집

문예
중앙

시인의 말

나는 내 얼굴을 잃었다

빛나는 무한에 눈먼 채로.

밤이여 오라,

너를 들이쉬어 나를 낳으리라

내부적 사실과 외부적 현실의 혼례 속에서.

차 례

1부

흰긴수염고래 12
북두 14
달의 기식자 16
늙은 사진가 18
모자를 쓴 이름이 지나간다 20
먼지색 입술에 입맞추네 22
신원미상의 새 25
마임의 시간 28
흰 당나귀의 침대로 돌아오라 30
염소좌 아래서 35
거울 너머 38

2부

천사가 지나간다 42
익사한 수병의 방문 44
윌리엄 블레이크가 가네 46
달의 아들 48
노래에 갇힌 사람 50
굿 나잇, 노바디—잠 못 드는 사람 제레미에게 52
너는 여전히 노란방 54
솔리터리맨 56
모래와 안개의 집 58
월식 60
침묵에의 초대 62
아마빛 머리카락을 가진 소녀 64
그것은 내 이름처럼 지나갔다 66
Come away with me in the night 68

3부

시인을 찾는 등장인물들 72

검은 고독, 흰 고독 74

백색 무용가 76

월요일 다음에 화요일이 오고 78

사막의 정원사 80

한밤에 난 북역으로 나갔다 82

재의 만다라 84

어느 떠돌이 개에게 바치는 송가 86

깊은 숨 88

내 말은 월식처럼 어두워졌다 90

두 개의 귀를 가진 거울 92

4부

태양의 도서관 108

겨울은 말한다 110

피아노의 고독 속으로 112

구름이 내 방을 끌고 간다 114

달에 대한 강박관념 116

흙과 구름의 詩 118

deep blue day 120

애먼지벌레의 잠 122

일곱 번째 작별 인사 124

고요한 밤 거룩한 밤, 어둠에 묻힌 밤 126

눈먼 음유시인 128

입술에 대한 항수 130

귀머거리의 말들을 위한 시간 133

땅거미를 끌고 가는 남자 136

□ 한 연이 첫 번째 행에서 시작될 때는 〉로 표시합니다.

1부

흰긴수염고래

내가 늙어 눈이 깊어질 때
나는 돌아가리라, 우리가 태양을 묻어버린 곳
바다 중의 가장 검은 바다로
거기엔 세상에서 잊혀진 이름들, 수많은 범선과 닻이 녹슬고 있으리라
고래좌의 별들이 물속에 잠길 때
멀리서 오는 바람은 사향 냄새를 몰고 온다
그러나 내 속의 상한 쓸개 냄새는 아무도 알지 못했다

그 일은 어느 금요일에 일어났다
외눈박이 이끼 낀 수염고래 한 마리
턱 아래 늘어진 푸른 주름을
모래톱에 부려놓고 밭은 숨을 쉬고 있다
빛이 사라지는 지평선
바다를 토해내던 숨구멍으로 일제히 날아오르는 붉은 나비 떼

포경선에 쫓기며 너는 물 위를 떠돌아다녔지, 사막의

낙타처럼 햇볕에 혹을 말리며. 먼지와 얼음알갱이, 토성의 고리였던 시간을 지나, 빙하가 우는 산에서 너는 자랐지. 몬순의 비가 내리면, 달과의 약속을 지키려 떼를 지어 이동하는 크리스마스섬의 붉은게처럼, 시큼한 바다로부터 여기까지 헤엄쳐왔다. 안데스의 이회토, 히말라야 석회암에 묻혀 있는 조상의 뼈. 그 속에 흐르던 낙타의 피. 난 바다곤쟁이를 쫓아 남빙양 바다 밑을 잠수하던, 늑골 속의 숨 주머니. 그 허파는 지금 독으로 가득 차 있다.

마침내 너는 일흔 살이 되었다. 몸이 관(棺)이 되어 은수자처럼 떠돌려는가. 지평선 없는 세계 속으로 흩어지려는가. 이제 바다 거품으로 몸을 헹구고, 해저 동굴을 울리던 노래는 마리아나 해구의 침묵 아래 놓아두어라.

시든 눈으로 황혼이 떨어진다
태양을 향해 머리를 돌리고 너는 마지막 숨을 거둔다
기도하는 손처럼 지느러미를
하늘로 들어 올린 채

북두

그때, 아주 짧은 죽음이 왔다
그때, 내 감긴 눈 위에서 새의 눈동자는 검게 번져갔다

나의 뇌는 거품이 이는 우주
내 머릿속에서 작은 새에게 건네진
일곱 별의 목소리

그것은 빛과 어둠으로 버무려진 가면
부동 속에 움직이며 만 년을 가는 시계
이 여행자의 배꼽은 몇 해를 찰나에 먹어치운다

아름다운 입술이여, 그는 말했다
'나는 모래의 말을 지니고, 당신의 눈물 속에 갇힌 사람'

인간의 죄를 짊어지고 광야로 보내진 염소처럼
나는 강박적으로 죽어가면서
조도가 낮은 꿈속에서 몇 개의 문장을 건져낸다

〉

새벽이면 익사한 별들이 내 귀를 잡아당겼다
마치 귓속에 고통의 공간이 있는 것처럼
우리는 포옹한다, 쓰러진다, 혀를 밀어넣는다

그가 말해주는 것은 밤의 노년기
그가 말해주는 것은 밤의 아동기

이곳은 말의 거품이 발효하는 우주
나의 그물은 신부의 드레스 자락처럼 땅에 끌린다
그 끝에 매달린 것은 시간을 재는 별,
죽은 생물의 껍질, 그리고 떨림 속에 빛나는 고독

나무와 길들을 마취시키며 별들이 오고
눈꺼풀 위에 잠든 새들을 만지기 위해 손가락이 올라갔다
죽음의 몰약을 선물받은
갓난아기는 북두의 그림자에 이마를 바친다

달의 기식자

왕은 백마의 울음소리를 먹고 살았다
백마는 백조를 보면 울었다
어느 날 백조가 죄다 사라져버리자
백마는 더 이상 울지 않았다
왕은 갑자기 늙어버렸다

"달이여 영원한 시간을 아는 달이여"
누가 백조를 불러와 말을 울게 할 것인가?

우리는 달의 기식자
하루에 밤을 먹어치우고
시간의 벌집에서 꿀을 채취하려 한다

그것은 유랑의 낱말
길 밖으로 벗어나
우연에 맡기며 노래를 부르는 것이다
이끼의 목소리, 새의 모음 같은 것
내 안으로 들어와 나를 음미하고

창궐하는 것

어둠의 빈 웅덩이, 달에서 오는 파동이
나에게 도달한다
백조처럼 길게 휘어진 목을 가지고
흰 종이에 씨를 뿌리기 위해
나는 행을 배열한다

내가 달에 기식하는 동안
달은 내 심장을 먹고 춤을 추었다
평생 마신 숨을 다 센 것처럼
나는 엄청난 피로를 느꼈다

내 이름을 갖지 못한 울음은
내려앉을 둥지가 없는 백조와 같다
그것은 나와 허공 사이에서 무한하게 펼쳐진 채
바람을 삼키고 있다

늙은 사진가

내 눈은 암실에 길들여졌다
한 눈은 빛에 의해 눈멀었고, 한 눈은 빛의 물결에 떨었다
검고 흰 유령들이 출몰하는 흑백사진 속에는
사물의 빛나는 웅얼거림이 있다

하늘이 왜곡되지 않고 불안조차 투명해지는
대륙의 끝 우수아이아에는
비바람으로 유선형이 되어버린 나무 하나가
지평선을 따라 서 있었다

구름아, 내 어린 고양이에게 노을이 물든 눈사람을 배달해줘
나무 밑을 걸어온 빛이 방으로 들어온다
목초지의 겨울 소들
창백한 뺨을 지닌 어린 창녀
아이리스 냄새를 품고 있는 검은 숲의 사진들

하나의 코트 속으로 밀어 넣은 두 몸처럼

우리의 포옹은 오래되었고
나는 저 장소들의 노래였다
긴꼬리하루살이의 날갯짓으로 가득한 하늘
그들의 시선을 마중하고
그들과 만나는 순간의 여백을 따르고 싶었다

그러나 예기치 않은 순간 속의 기다림을
우리가 어떻게 알아챌 수 있을까?
꽃은 아름다운 눈들에게 시선을 던진다
우리의 눈이 어떤 슬픔으로 만들어졌는지도 모르고.

금빛 거미줄이 서풍 속으로 사라진다
그 바람 속에서 새로운 떨림이 살아나는 것을 본다
구름에 씻긴 삼나무 그림자는 산으로 달려 올라가고
길은 울색으로 물들었다
고양이는 자기가 어떤 표정을 짓고 있는지도 모르면서
오목 렌즈 같은 눈을 하고 나를 바라본다

모자를 쓴 이름이 지나간다

나는 죽은 여자가 남긴 한 마리 앵무새
괜찮아, 괜찮아, 라고 외치며
어두운 방 안에서 울고 있는

나는 다성적으로 소용돌이치는 시간,
나열된 고리를 가진
당신의 꿈에서 막 빠져나오는 낱말입니다

망상의 목록들을 가지고 당신이 말을 할 때
나의 이름으로 말하는 이는 누구입니까?

나는 나의 장소가 아닌 곳에 도착한 이름,
언제나 불확실한 피부를 가지고
당신의 모든 언어와 기후들을 지난다

나의 주소는 이방인의 것
당신은 나를 노바디, 라 부른다

〉

나는 달과의 혼혈로 태어난, 마라의 젊은 미망인이다

내 몸에 기숙하는 조상들, 감각들
나의 조국은 침묵이니, 보이지 않는 잉크로 말을 하고
나는 밤과 못과 모퉁이와 관계 있다

나는 당신이 잠들어 있는 동안만 낫는 병
젖꼭지를 찾는 아기의 입처럼 당신의 입술을 찾는다
어떻게 이 잠에서 깨어날까?
달의 체념은 새롭고, 꽃들의 망상은 반복되었다

내가 아무도 아니라면, 나를 더 많이 만나야 합니까?
오래된 골목이 내쉬는 한숨 같은 이름들

억양이 다른 어린애의 변덕으로
나는 계속 나를 지나간다
진열장 뒤의 텔레비전 화면은 망자의 새소리를 흉내 낸다
당신을 생각하면서 나는 당신을 잃는다

먼지색 입술에 입맞추네

한 사내가 달을 지고 검은 산을 내려간다
밤은 아름답고
멀리서 죽어가는 소리들
나의 내부에선 음악이 멈추었다

내 그림자를 보려고 어둠 속에 앉아 있었다
너무 많은 환각이 나를 갉아먹었다
이 몸의 원시적 발성은 어디서 오는 건가

오늘 언어란 뿌리를 잘못 내린 울음 같아
어떤 진동도 섬광도 없이
당신이 내 안에 스며들어 오고
당신의 아버지의 어머니가 스며들어 오고
나는 그 모든 나이와 함께 있다

연인의 과거를 노래하는 여인처럼
당신의 입술은 잠시 열렸다가 닫혔다
서쪽으로 몰려가는 청회색 구름 같은

암브로시아 성가
흩뿌려진 하얀 재
당신은 삶과 죽음의 숙명적인 쌍 밖으로 표류한다

당신이 타고 있는 배는
아무 데도 없는 곳을 맴돌며
조금씩 나아가고 있다
당신은 거세된 듯 울리는
클라브생 소리를 좋아했지
지구처럼 숨을 뱉어내어 달을 부풀리고 싶어 했지

우주 공간에 웅달을 만드는 성간먼지처럼
영겁의 시간이 앞뒤로 걸쳐 있으니
우리 높은 산에 올라 밤의 정맥에 불이나 붙이자
무한히 동요되고, 은신하는
말들이 오늘 밤 광대하게 펼쳐질 거야

7음절의 빛 속에서 만물을 섞으며

말은 주사위의 숫자처럼 내 머리 위로 떨어진다
깊이가 더해져 한없이 투명해지는
나를 더 이상 나라고 말하지 못한다
모순을 감출 행간이 없다

죽은 애인들은 새벽달을 따라 지고
당신의 심장 같은
계수나무 잎사귀가 접시 안에서 타고 있다

신원미상의 새

마침내
긴 하루의 눈꺼풀이 감길 때
마침내
하늘에 장미 같은 상처 자국이 드러날 때
너에게선 응답이 없고
철조망 아래 달라붙은
파음을 들었다

불안한 전파가 잡히는 트랜지스터 라디오처럼
찌직거리며 떨리며
밤의 산도 같은
너의 경계에선
가까스로 감지되는 웅얼거림이 새어 나온다

그토록 오래 감긴 눈
모든 눈
모든 귀
너와 닮은 영혼을 위하여

아무것도 아니면서 절대적인 얼굴을 위하여
마침내 시의 주어를 비워놓을 때
너는 무명의 알
말이 품어주어 부리가 나오고
깃털이 생긴다

허공에는 네가 비행한 흔적이 있지만
나는 보지 못하고
일몰 후의 저녁 안개처럼
한 색깔이지만 모든 빛깔로 뒤덮여 있는
친애하는 낯선 나라여,
하루에 한 번 하늘에 그림자를 비추는 자여,

나는 너를 모호한 저녁, 오 저녁이라 이름한다*

마침내
야생 울새의 분홍 발이 산비탈을 내려올 때
마침내 밤의 음계가 목을 감을 때

나는 너의 깊은 눈을 본다
아무것도 쓰이지 않는
길고 넓은 눈
푸른 연꽃 같은 눈

그리하여 마침내
한밤중에 잎을 내미는 마법의 단어가
네 어둔 눈동자를 만질 때
마침내 공간이 내 몸 안에 들어와 앉을 때
멀리서 듣는 심장 소리
가장 먼 내부 속에 갇힌 무한의 소리
너의 외침이 내 목구멍에서 울린다
너의 그림자에서 들국화 냄새가 난다

* 이브 본느프와.

마임의 시간

한밤중 강 속에서 머리 셋이 달린 거대한 뱀이 지나갔다
별이 꽂힌 몸을 뒤척이며

당신은 오늘 출소한 한 남자를 보고 있다
저기 케이블이 끊긴 전화 부스 안
무릎에 얼굴을 묻고, 밤 속으로 자신을 방전하는

그는 그림자를 벽에 걸고 살아온 사람
마왕의 어릿광대,
최고의 날을 웃음에 바쳤다
사람들의 머릿속은 극장에서 염색되고
세상을 하나의 농담으로 만들어버린다

오늘 밤 그는 아무것에도 방해받지 않기를 고집한다
발자국 소리에 울음을 뚝 그치는 귀뚜라미처럼

그러나 하늘로 올라가는 저 옥탑방의 웃음소리
그는 단번에 그들의 머리통을 내리쳤다

웃음이 그를 바라보기도 전에
아이들의 눈이 비명이 되기도 전에

그의 머리는 불과 흙으로 흘러넘치고
죽음을 모르는 마왕은 그 안에서 비틀거렸다

그는 과일 냄새 나는 젖가슴과
비극적 환희를 사랑했었다
잠든 아가의 분홍 손톱을
당신이 키운 토마토의 맛을 사랑했었다

버려진 수캐가 밤을 물고 공터를 지나갔다
불 꺼진 창마다 단단한 얼굴이 붙어 있다
웃음을 살해한 자, 거기에 숨을 수 없다

거룩한 마왕은 먹구름 뒤에 살아 있고
심호흡을 하느라 구름은 기우뚱거렸다
히드라좌의 별빛이 당신의 얼굴에 반사된다
자정이 울린다

흰 당나귀의 침대로 돌아오라*

1. 홍수

내 방은 목쉰 골목의 외침으로 가득하다
여기에는 바다의 추위와
부서진 계단과 소리를 삼키는 문들이 있다

밀랍 인형처럼 꿈속에서 빠져나오지 못하고
발자국과 함께 떠내려가는 사람들
무덤을 끌고 가는 강물은 조난자처럼 현관을 두드린다

익사한 자동차들이 경적도 없이 떨 때
나의 목청이 손가락을 끌어당기며 음성을 가다듬을 때
당신은 묻겠지?
소리를 순례하는 흰 당나귀의 귀는 어디에 있냐고
날개의 새로운 작동법은 어디에 있냐고

무성하게 하늘로 뻗친 달팽이의 손들
천장에서 녹색 술병 위로 떨어지는 빗방울들
길 밖으로 나온 화장대는

진흙으로 돌아가는 얼굴들을 보여준다

내 머리맡에는 흰 당나귀의 시집이 잠들어 있다
황갈색 늪이 되어버린 도시에서
시여, 너는 어떤 절박함을 노래할 것인가?
흰 당나귀 눈을 가진 자여,
이제 당신의 이름을 말할 때가 왔다

말을 육체로 변화시키는 수태고지는 어디에 있나?
말이 행위가 되는 시는 어디에 있나?

밤새도록 비가 작업한 도시는 부주의한 식자공의 오자 같다
진흙에 반쯤 잠긴 배 같은 침대
나는 듣는다 내 침대가 짐승의 숨소리를 내는 것을
어둠 속에서 태어나는 보드라운 흰빛 귀
귓불엔 소리 그림자들이 매달려 있고
나의 이마엔 깃털의 부드러움이 스며 있다

〉

나는 뒤척이고 뒤척이며 소리를 향해 표류해 간다
새의 깃털은 지극한 말의 언덕을 향해 날아갔다
팔락쉬, 팔락쉬,** 날개를 떨며

2. 흰 당나귀의 그림자 극장

모든 생명은 소리를 낸다, 죽어 있는 것마저도
한낮의 등화관제같이 고요한 소음
무언극의 배우처럼 하얀 점토로 빚어진 얼굴

당신의 날개는 빛이 나고 약간의 불안이 배어 있다

여기는 말과 그림자의 이중 혼례가 이뤄지는
언더그라운드 무대
흰 당나귀가 있는 그림자 극장, 이라고 말해두자

잘못 사용한 이국의 단어처럼
나의 문 앞에 놓인 두 개의 길

우선 천사들이 왔고 다음으로 당나귀가 도착했다

반은 천사여서 반만 살아 있다고 믿는 자
물푸레나무와 밤의 호흡에 맞춰 노래하는 자
달 아래 부푸는 씨앗의 숨결을 느끼는 자
이 다국적 그림자들이 어떻게 육체를 얻는지
그들의 대사가 어느 나라 언어로 진행되는지
당신은 알고 있나?

모든 각도에서 볼 수 있는 맹금의 눈을 가진 자여,
날개 아래 시를 사육하는 자여,
나의 제단은 플루토의 외침을 동반하고
허무의 냄새 속에 있다
쓰러진 사내를 안은 방탕한 아가씨의 무릎처럼

때에 묻어 반질하고 모서리가 해진 검은 노트
종이 위에 불타며 비로소 드러나는 글자들
이 세상에 위장 취업한 그림자들은 모든 인칭에 서식한다

〉

내 눈꺼풀 뒤에 어떤 통로가 있는 걸까?

잠들어 있는 사람들의 도시에 홀로
흰 당나귀가 떠 있다
당나귀 말로 시를 낭송하거나, 당신의 심장을 하프처럼 켜면서.
아파트의 창들은 움푹 꺼진 눈을 하고 있다
마치 깨어나는 것이 금지되어 있는 것처럼

* 제임스 테이트 시집 제목의 변용.

** 팔락쉬 : '그렇다, 아니다'를 동시에 의미한다.

염소좌 아래서

우선, 크림색 고양이 모모에 대해 말하자. 그는 내가 밤새워 글 쓰는 걸 지켜보았고, 나는 창밖을 내다보는 그의 뒷모습을 지켜보았다. 우리는 가끔 서로의 이야기를 들어준다. 어둠이 헐거워지는 새벽마다, 모모는 내 방문을 긁어대었다.

엄마, 엄마, 밤하늘의 별이 떨고 있어요
바람은 병아리처럼 울어대고요
초록 도마뱀붙이가 거울 위를 기어 다녀요

발랄라이카 악기 같은 울음소리, 잠이 오는 눈꺼풀을 비비며 문 앞에 서 있었지. 노란 별 같은 눈빛, 그 눈으로 돌아가는 말.

엄마, 엄마, 그림자 없는 꽃들이 마구 돌아다녀요
창가의 이파리들은 잠언 같은 잠꼬대를 흘리고요
하얀 쥐는 글자 위를 굴러다녀요

〉

얘야, 네 얼굴은 아직도 밤이구나
이제 그만 별에게 인사하고 오려무나
녹색 초병들이 새벽 창에 늘어서 있어

모서리가 있는 것들은 모두 둥글게 부서뜨리는 혀. 코를 맞대고 숨을 나누는 코인사. 네 숨결엔 수많은 언어들이 가득 차 있다.

엄마, 나를 위해 감미롭고 정다운 말들을 써두었겠죠?
손가락으로 우유와 마더구스의 노래를 휘저어,
나의 잠을 준비해두었겠죠
둥지의 밤 밖으로 새들이 올라가요

흔들리는 자장가를 따라, 너는 내 가슴에서 눈을 감았다 떴다 한다. 울음 끝에 매달린 옹알이소리.

엄마, 당신의 성좌를 만나보셨나요?
우리, 바람이 쓸고 간 새벽달을 보러 가요

울타리를 넘어 하늘로 올라간 동물들을 우리의 노래로 불러 모으고요

벽 사이에서 어둠이 웅성대고 계단이 수런거린다. 손끝에 남아 있는 모음들은 잠들어 있는데, 녹슨 파이프처럼 새벽이 낯선 울음을 뱉어낸다. 구부러진 문장은 두드려 편 못처럼 끄윽끄윽 운다

거울 너머

자정이 벽거울 속으로 사라졌다 그 너머에 흔들리는 작은 빛, 거울이 은빛 안개처럼 녹기 시작했다 오랜 잠에 든 당신은 거울 속으로 빠져 들어가고, 시간은 소용돌이치며 달아났다 어둠은 분화구를 지닌 수렁이 되었다 모든 허공은 시간의 거울일까? 허공거울이 삼킨 그림자들, 그 많은 사람이었던 당신은 누구였을까? 거울이 꾸던 꿈일까?

(오르페우스는 수금을 타며, 시간의 현 위에 죽음을 연주한다)

투명한 흑요석 거울이여,
대양이 주검을 토해내듯이
내 심장의 맥박 같은 그녀를 보여줘
횡격막에서 피가 나올 때까지 목을 다듬고
아직 태어나지 않은 말과 꿈을 섞어 노래를 부른다

이건 아주 긴 노래야
공기 대롱으로 바람을 네 번 불었지

하늘의 네 방위를 알았지만
노래는 저 강의 신神을 울리지 못하고
내 말은 미스트랄*에 실려 갔어
코를 스치는 건, 말오줌나무 덤불에서 풍기는 냄새
바람은 죽은 새의 겨드랑이에서 신음 소리를 낸다

(돌아보지 마, 돌아보지 마, 유리디스는 주문을 외우지만 그 눈은, 오르페우스의 얼굴을 당기고 있다)

나는 이미 늙어버렸어요, 내 나이는 달의 나이
오랜 무덤 같은 내 몸에는
죽음이 들어오고 나가는 길이 있어요
나는 날마다 수의를 갈아입고, 별 먼지 위에 몸을 뉘었죠
이름이 지워진 이정표처럼 나는 기억하지 못해요,
머리말에서 노래하던 아름다운 당신의 목소리를

나는 잿빛 흙으로 반죽된 말(言)의 무덤
한밤엔 잠들지 않는 당신의 젖가슴을

물어뜯기 위해 말의 정령으로 올 거예요
그때, 박제된 은점나비들은 당신의 가슴에서 부활하겠죠

천 개의 작은 금종이 울리듯, 서로를 비추는 구슬 그물망 속에, 우리 떨어져 있어도 함께 있는 것일까? 눈먼 시인이여, 절름발이 전령사가 올 때까지 기다려라. 수금자리 별에서 당신을 만나고 싶어. 세상은 거울로 가득 차 있고, 그 안에 당신은 보이지 않아. 모래시계 성운이 시간을 흘리는데. 거기, 거울 밖은 어디인가? 언어 밖은 어디인가?

* 미스트랄 : 프랑스의 론 강을 따라 부는 강한 북풍.

2부

천사가 지나간다

새틴바우어 새의 정원에는
시의 행처럼, 물건들이 배열되어 있다
그의 날개 색은 바꿀 수 없어도
구애를 위한 정원의 전시물은 끝없이 바뀐다

　저는 블루베리 열매를 가지고 있습니다
　표백된 조개껍데기,
　딱정벌레의 무지갯빛 날개를 가지고 있습니다
　나와 결혼해주세요

구애하는 새처럼 나는 낱말을 배열한다
아무도 본 적이 없는
천사의 날개에서 떨어진 눈〔目〕 같은 것은 제외하고

사월이 여신처럼 올라오는 언덕에 서서
지나간 사랑의 마지막 감촉 같은 것을 되새겼다
개울가 버드나무 아래에서의 한낮
입술에 닿는 따뜻한 비,

입속에서 자꾸 맴도는 금빛 단어들

오늘 내 혀는 투명한 실로 꿰매져 있고
눈물에선 들꽃 냄새가 나
먼 곳에서 온 낱말들이 나에게 닿을 때
난초 잎이 고개를 숙였다 다시 들었을 뿐
그가 오거나 멀어져가는 소리는 들리지 않았다

모든 스펙트럼을 가진 하얀 유령
그는 하늘의 문체를 흉내 내어 새들을 만들어내고
꽃들의 이름을 바꾸어놓는다
누군가 슬쩍 끼어들어 써놓은 문장 같은 것
내가 쓰고자 했으나 쓰지 못했던 문장들

유리창을 스치는 굴뚝새 그림자처럼
말과 침묵 사이,
내 사랑이 서 있을 법한 자리에
작은 낱말이 하나 서 있다
오랜 망설임 끝에 다시 받아들여지는 연인처럼

익사한 수병의 방문

헤드라이트에 비친 밤처럼
우리의 죽음이 오늘을 관통했다
화요일, 불꽃놀이 같은 폭발

수요일, 바다는 죽은 자의 얼굴이 된다
우리 어머니의 어머니가 우리를 낳았던 그곳에서.
울음을 물고 이 세상에 와서는
울음을 남겨놓고
허위허위 검은 시간을 지나간 모험자들

'나는 잘 있어요 그러니 잘 계세요'
갑판 위에서 찍은 사진과 함께 보내왔던
당신의 휴대전화는 아직도 켜져 있는지

자기를 슬퍼하지 않고 죽어가는 짐승처럼
바다는 길게 숨을 내쉬고
저 칸막이벽에서 당신의 목소리가 들려올 때까지
나는 물가에 서 있었다

〉

'관계자 외'는 물론 '관계자도 출입금지'된
마음의 심연에 당신이 놓일 때
당신은 물고기들 틈에 섞여 말이 없고

우리는 현재를 늦게 이해하는 비극의 주인공들
나에게 시간의 시작은 난해하고
북두의 빛이 가 닿는 곳을 알지 못한다

내일, 죽게 된 사람들이 다 죽은 뒤에
절규하는 사람들이 다 절규한 뒤에
당신은 해파리와 문어, 앵무조개에게서 말을 배우리라

죽은 새끼를 주둥이로 밀어보는 바다사자처럼
내 조그만 바람은, 한 움큼의 문자를 배열하여
'아무도 미워하지 않는 자의 자유' 같은
기도의 말을 찾아내는 것
불을 끄고 누우면 어디선가 뎅뎅 종소리가 울려왔다
누가 지금 은총을 흔들며 지나가는가

윌리엄 블레이크가 가네

눈 내린 자작나무 숲을 윌리엄 블레이크가 가네
나는 윌리엄 블레이크를 모르고
나는 나를 모르고
내가 안다고 말하는 꼭 그만큼
정말 알지는 못하고
지금 내 머릿속에 사는 남자, 윌리엄 블레이크

짐 자무시의 흑백필름으로 윌리엄 블레이크가 가네
블레이크를 알지 못하는 블레이크
이미 죽은 남자 윌리엄 블레이크
더 이상 빛을 방사하지 않는 검은 별을 따라
말이 존재하지 않는 곳으로 윌리엄 블레이크가 가네

흐르지 않는 나무도 순례를 하는 걸까?
하늘에서 땅속으로 이어지는 수직의 순례
하얀 자작나무 껍질 아래,
땅의 비밀 같은 글자들이 돋아나네

〉

그대는 벌써 하루의 끝에 와 있고
오늘 나는 어둠 속에 잠겨 있어
불이 꺼진 재처럼, 나는 나를 완전히 잊지는 못하고
이곳에 뿌리를 내리고 잠시

붉은 길이 인도하는 마음의 일곱 번째 방향을 생각하지
죽은 것도 산 것도 아닌 언어를 가지고
나는 밤으로 가네, 말을 잊어버린 사람을 찾아

어둡게 빛나는 그대 눈동자로 길은 자라지만
길은 언제나 한 발 앞에서 멀어져가네
기억이 복제되는 순간을 어떻게 사라지게 할까?

내 노래를 가지고 윌리엄 블레이크가 가네
꽃으로 덮인 카누에 실려 어스름을 넘어가네
바다 위에 걸린 하늘 문이 닫히네
눈꺼풀이 내려오듯 그렇게

달의 아들

보이지 않는 뇌병원의 아이들이
게으른 불빛을 키워갈 때
수십 개의 눈동자를 달고 있는 집
불타며 익사하는 새들
어느 하늘 아래 너는 남아 내 묻힌 시간들을 응시하는가?

죽은 어머니를 안고 있는 너의 시선은
기억과 허공 사이에 고정된 채 돌아올 줄 몰랐다
젖은 고양이는 그림자를 내린 채 사라졌다
너만의 고유한 슬픔이 있지만, 그것을 지시할 기호는
없었다

너는 행성의 키스로 태어난 달의 아들
네가 준 보라색 드레스를 입고
우리는 너의 장례식에서 노래를 한다
달의 주름 속에 감춰진 것은 회색 목도리,
먼지 입은 열쇠들,
낡은 계단을 올라가는 검은 장화 소리

〉

어둠에 닿지 못하는 강들은 어떻게 자기 별과 이야기할까?
쓰러진 말의 목덜미를 안으며 연민으로 미쳐버린 남자처럼
타인의 시간을 껴안고
죽어야 하는 모든 것에게로 투신해 간 사람들

달의 그물에 새들이 날아와 검은 상장처럼 달려 있다
우리는 뇌병원의 아이들처럼
이미 일어났던 일을 두려워하며
회랑에 그어진 줄무늬 어둠을 통과해 간다

너의 발이 아무런 설명 없이 고요할 때
달이 울기 시작한다
거의 들을 수 없는 타음으로, 밤을 두드리며

집에 있어도 우리는 집으로 돌아가고 싶어 한다
그러나 누군가는 더 검은 밤을 향해 간다

노래에 갇힌 사람

여기에 하나의 물이 있다
네가 건너가 돌아오지 못했던 물이.
한낮에 찾아오는 황혼은
밤에서 낮으로 가는지
낮에서 밤으로 가는지 알 수 없고

다리의 입구에 무심하게 서 있는
고통이 있다. 흰 손수건이 있다
이것은 음악에 삼켜진 사람의 이야기
아니, 이것은 너의 눈 속으로 들어온
검은 나비의 이야기다

그날 술집에서 처음 들었던 '라'음은
빛에 파닥거리며 끈덕진 고통 소리를 냈다

강을 지키는 사람에게 지불한 비단 손수건
2월의 잿빛 물살 속으로
너는 몸을 던져 넣었다

〉

네가 노래 속에 갇혔을 때
감정의 음계는 불화를 반복하며
유령의 음을 만들어냈다
너는 이 창백하고 낯선 나라의 유배자

우리가 잠들려 애쓰는 동안
전등갓에 몸을 부딪치며 나비들이 죽어갔다
나는 아직 언어 안에 머물고
언어를 잃어버리는 방식에 대해 배우지 못했다

살아 있는 자의 입속에서 느껴지는
검은 물의 밤이다
사이프러스 나무로 둘러싸인 밤의 입구에서
나비들이 기어 나온다
뱃사공의 거친 손에 쥐여준 흰 손수건
내 입술 위로 떨어진다

굿 나잇, 노바디
—잠 못 드는 사람 제레미에게

오늘 밤 당신의 소외는 무겁고, 나의 불면은 절정에 도달했다.

당신의 이름은 어디서 오나? 저녁 별에 의해 깨어난 그 눈은 어둠으로 빛난다. “밤마다 벽에 사진을 오려 붙였죠. 아비장 출신의 여자를 좋아했어요.” “저 눈들을 왜 붙였는지 아세요? 제 눈이 안 감기거든요.”

이국의 변두리 극장 앞, 밤새 당신은 자기 발자국을 비질한다. 밤의 한쪽 끝에서 다른 끝으로. 점호 같은 바람은 짧은 죽음을 낳고, 또 그것들을 지운다.

꺼지지 않는 네온 위에 오래 놓인 글자들. 어둔 길가에 세워둔 버스의 텅 빈 손잡이. ‘우수’라고 쓰인 맨홀 아래서 우는 새끼 고양이 소리.

어떤 눈길이 보이지 않는 것을 보이게 하나? 나무들은 천천히 걸어와 당신과 춤을 췄지. 밤이 수많은 언어로 주술을 거는 동안, 나는 졸고 있는 공기에 불과했다. 달에 그림자를 드리운 짐승들은, 바람에 날리는 망사 커튼처럼 부풀어 올랐다 풀려나갔지.

우윳빛 새벽을 쪼는 울새들은 어디에 있나?
작은 종들이 날아오르는 성당은 어디에 있나?

조용한 웅얼거림으로 가득한 밤이다. 아무도 아무를 생각하지 않는 밤이다. 나는 만질 수 없는 것을 만들어내기 위해, 낱말을 밤으로 섞어 넣었다.

나보다 멀리 나아가라, 나의 불면이여. 비틀거리는 그림자로 다져진 골목 사이로. 약국과 쓰러진 술병 사이로. 나는 밤새 창문의 얼룩을 세거나, 그림자에 이름을 붙이고 적응해갈 것이다. 나의 눈이 시간의 바닥을 익혀갈 무렵, 깃털 달린 별은 어두운 세상을 그으며, 더 깊은 밤을 향해 날아갔다.

너는 여전히 노란방

당신이 본 것은 얼굴이 아니고
기호도 아니다
그것은 어떤 색조로 물들지 모르는
공기의 움직임
아주 조그만 달 아래 떨리는 마지막 심장 소리

우리는 그리움을 품은 채
물속으로 멀어져가는 눈동자
공허함을 모르는 바다는 우리를 이해하고 빨아들인다

당신은 생각을 멈출 수 없어
유배지의 한기처럼 치솟는 생각들
민감한 귀를 위해서
언제나 다른 말로 뭔가를 말하려는, 치명적 분열

당신의 셔츠 속에 숨겨 다니던 문장은 무엇인가?
우울한 마음에서 오려낸 듯
섬세하게 상처를 남기는 문장들

〉

당신은 죽은 꽃으로부터 솟아나는 머리를 본다
당신은 땅에 닿고 싶은 버드나무처럼 운다
두 팔에 초록을 그려주고 싶지만
그 팔을 일으켜 세울 순 없다

밤의 등대처럼 우리는 교대로 반짝거려
부재, 현존, 부재, 현존……
잘 있어 친구들, 우리는 이제 밤의 딸
더 이상 기억술을 가진 손도
피부 같은 언어도 없다

우리들 머리 위로 백색 북극광이 내려오고
반음계의 색깔들이 물결친다
모월 모일, 우리가 죽은 날 아침에
말들은 지나치게 울고

당신은 우리가 전하는 작별 인사를 반쯤만 이해한다

솔리터리맨

저 멀리 춥고 어두운 곳에는
달보다 작고 가벼운 신 하나가 살고 있다
잿빛 눈을 가진 아홉 번째 행성

왕이었던 어린아이는 첫 울음을 내뱉기 전에
어머니의 집을 잃어버렸다

너에게 침식하는 말들이 있지만
너의 슬픔은
말이 닿을 수 없는 회색 암흑의 장소

이 중단된 리듬은 어디서 오는 것일까?

너는 용해된 광물질의 흐름으로
끈덕지게 그 모든 것을 훔쳤다
너의 문자에 땀이 날 때까지
모든 의심스런 사랑을 거기 섞어 넣었다

〉

너와 너 사이에, 어떤 틈이 입을 벌리고 있는가?
밤의 여신이 물었다
너의 태반은 어디에 묻혔니?

불 꺼진 수족관의 초록 곰치는 아아,
입을 열었다 닫았다 한다

말들이 부패하여 석류처럼 터질 때
너는 꽃을 버리러 간다 비를 버리러 간다

외등이 켜진 밤에 홀로 나갔던 사람은
돌아오지 않았다
너의 여신은 눈물이 글썽한 시선으로
달의 뒷면을 통과해 간다

매발톱꽃은 네 부서진 성대에서 펄럭거린다

모래와 안개의 집

밤의 연골이 휘어질 때
개밥바라기는 어디에 시계 소리를 감추고 있을까?
시간을 풀었다 죄었다 하며
내 꿈에 안개의 거처를 마련하는 사람

당신은 무국적 음조를 만들어내고
울음 우는 방법을 다시 배우고 있다
그 음악이 기다린 건
안개꽃을 머리에 두른 여자
모래처럼 부서지는 여자

이 집의 감각에 대해서는 알지 못한다
그 유리창이 얼마나 오래된 비 냄새를 풍기는지
그 창이 어떻게 당신과 다른 맥박을 가졌는지

당신의 주검을 친구들이 발견할 때까지
이 집은 아무도 들이지 않았다
낡은 난방기는 이곳에 살았던 숨결을 데우고 또 데웠다

유리창에 붙어 안을 들여다보던
나방은 숨결이 끊어질 때까지 머물러 있었다
애도가 무엇인지 나는 알지 못하고
내 꿈속에서
깊은 숨을 쉬려고 애쓰는 문장들을 느낀다

입김을 불어 넣은 손수건을
죽은 아버지의 손 위에 올려놓은 소년은
어두운 골목을 달려 나갔다
저 아래 모래의 길과 안개의 심연이 맞닿아 있다

회청색 밤은
배꼽 없는 어미로부터 태어난 누에처럼 고독하다
안개는 터무니없이 간격을 확대하며
시간 밖으로 망명을 연습한다

월식

늦은 저녁 고등어를 다듬는다 냉동실에서 나온 고등어는 싱크대에서 녹는 중이다 사막의 등고선처럼 일렁이는 무늬는 달의 숨결로 새긴 것일까 흐르는 물에 고등어의 잠이 빠져나간다 거실을 담고 있던 텔레비전은 사막을 쏟아 놓는다 히잡을 쓴 얼굴들을 앞세우고 총구를 든 한 무리의 사내들이 화면의 오른쪽에서 왼쪽으로 이동하고 있다

지평선의 소실점이 사라진 곳, 사막은 보이지 않는 입으로 자라는 것일까 그림자 하나 숨을 곳이 없다 나는 기다린다 달이 지나간다 달이 지나가는 동안 고등어가 녹는다 고등어는 말이 없다 그 입에 얹힌 소리가 무엇인지 벌어진 입을 다물지 못한다 (달은 어떤 소리를 내는 걸까?)

그들이 내 몸을 가져갔어요, 제 그림자를 토하며 우리는 어디로 가는 걸까요, 유서를 남기고 사막으로 간 사람들은 돌아올 줄 모른다 화면이 소리 없이 뒷걸음질한다 사막의 전사들은 동굴로 되돌아가고 인질들은 뒷걸음으로 전사를 따라간다 먼지는 땅으로 돌아가고 사막은 걷히고

〉

고등어는 녹아서 도마 위에 놓여 있다, 검은 피를 흘리며. 그는 번개나 달의 먼지였을까 흘러온 길 끝에 그의 무덤이 될 내 몸이 있다 사막에서 사막이 된 사람처럼 고등어는 내 몸을 입고 내가 될 것인가? 비어 있는 눈이 담고 있던 건 무엇이었을까? 심해를 들여다본 그 눈은 달을 삼킨 밤처럼 아무것도 보여주지 못한다 달은 밤을 벗으며 눈을 뜨는데

침묵에의 초대

안개 속에는 때때로 익사의 냄새가 난다
이 말은 감춰진 말
당신은 누구냐? 누구의 침묵이냐?

새벽 세 시, 신호등 속의 초록인간이
저 혼자 횡단보도를 건너가고 있을 때
휴지통에 던져진 메모지가
바스락거리며 일어나는 소리

내 손에서 생겨난 사물들;
아이들의 머리 위에 앉은 나비
죽은 시인의 모자
안개 속 도로표지판처럼 애매한 너와 나의 경계

여기 고요함 속에 나를 늘어놓지만
당신은 결코 모든 이야기를 알 수 없고
자신이 하는 말도 온전히 알지는 못할 것이다
우리는 하나의 의미로 만날 수 있다고 고집했기 때문에

서로에게서 계속 멀어져왔다

청회색 심연을 지나가는 귀신고래처럼
진동하는 소리로 건강을 유지하고
이미지에 강박적으로 몰입하지 않기

생각을 해서는 얻을 수 없고
생각을 않고는 찾을 수 없는, 그것은 무엇일까?
무어라 이름할 수도, 이름하지 않을 수도 없는

겨울의 문장 같은 안개의 말
피부 호흡으로 세상과 내통하는 이끼도룡뇽처럼
내가 그들의 침묵과 통교하는 동안
내 입술에 찾아온 한마디

나는 내 안에서 사라져가는 시인입니다
우주 거품에서 태어나
한 번도 빛을 낸 적 없이 죽어가는
갈색 난쟁이별처럼

아마빛 머리카락을 가진 소녀

네 머리카락 속으로 사라지는 오후는 그림자로 가득하다

오늘 너는 구름에 익사하는 구름
땅으로 늘어뜨린 손가락
너 대신 창밖으로 떨어져 내린 북극곰 베개
어느 모퉁이로 달려가는 구급차 소리

죽음의 절대음감에는 도달하지 못한다

옛집으로 발송돼버린 우편물처럼
너는 그의 심장으로부터 유배당한 것 같다
벨라도나의 독액을 눈에 넣은 것처럼
네 동공은 커져 그를 매혹시켰지만
너는 그를 알아보지 못했다

하루 속에는 얼마나 많은 석양이 들어 있을까?
제 안으로 그림자를 말아 넣은 돌멩이들
공기 속에 사라지는 새의 발자국들

두 개의 마주 보는 심연처럼
어둠과 함께 울려 퍼지며 흘러갔다
그날이 정말 아름다워도 되는 걸까?

네가 그를 잃었던 밤, 어떤 사막에 손을 내밀어야 했을까?
네 손가락에는 무수한 키스와 달들이 들어 있다

밤을 무서워하며 문 뒤에 앉아 울던 어린 부엉이처럼
집에서 떠날 수 없었다
너를 방문할 수 있는 사람은 언제나 너뿐이다
창가의 사이프러스 나무는
아무런 기억 없이 자라나고
너는 침대에 누워 그의 발소리를 듣는다

네 안에서 모든 불이 꺼지는 것을 듣는다

그것은 내 이름처럼 지나갔다

어두운 음계를 오르내리는 자각몽 속에, 징후들로 가득한 목소리가 지나간다 (나는 목소리가 지나가는 것을 본다) 어떤 목소리는 커다란 해일 뒤에 감춰져 있고, 어떤 목소리는 석양빛 해벽에 걸려 있다

내가 꿈을 열었을 때 그는 바퀴를 돌리고 있었다 검은 진흙으로 뒤덮인 물의 바퀴, 날일(日)자 모양의 섬은 거대한 드럼세탁기였다 "나는 밤의 세탁소, 달의 리듬으로 지구를 돌리지" 그가 내게 말했다 "살아 있는 시체로서 품위를 보여라. 나는 산 자와 죽은 자를 뒤섞어, 물고기와 배들을 지붕에 배치할 것이다" 언덕과 집들을 팽개치며 그는 달렸다, 어두운 산의 심장으로 들어갈 때까지

어느 영혼 속에 있는 지평일까? 거울 속에서 검은 지빠귀가 달을 물고 나왔다 사람들은 바다 가운데 무덤을 파고 거대한 달을 밀어 넣었다 장대로 뱃전을 두드리며 발을 구르며 드링드링… 드링드링… 끝나지 않는 후렴구와 함께 달의 장례는 계속되었다

〉

검은 조수가 물러나고 클로로포름 냄새를 풍기며 안개가 몰려왔다 빈집의 철조망 사이로 코를 내밀고 있는, 강아지의 젖은 눈을 향해 나는 작별 인사를 우물거린다 내 눈이 보는 것에 나를 가둔 채, 여전히 안개는 최면제를 뿌려대었다 꿈은 내 눈길이 미칠 수 없는 곳으로 나를 끌고 간다 바다에 잠긴 달에서 지빠귀 붉은 울음소리가 났다 그것은 내 이름처럼 지나갔다

Come away with me in the night

지나가는 꽃들은 모두, 어디서 시간의 순서를 기다리고 있을까?

Come away with me 나와 함께 떠나자

저기 종탑과 까마귀가 부딪치는 곳에
보랏빛 노을이 걸려 있다
짧게 지나가는 어떤 경련처럼

차고 푸른 피를 가진
돌들이 당신 생각으로 부풀어 오를 때
바람과 상관없이 닫힌 문들
울퉁불퉁한 시간 속으로 번식하는 목소리들

주머니 속에서 물고기를 꺼내어
손바닥에 얹어주던 아이가 내 풋잠을 지나갔다
'넌 따뜻한 귀를 가진 남자를 만나게 될 거야'
'하지만, 저 수수께끼 같은 슬픔이 찾아올 때까지 위안은 없다'

〉

내 꿈은 왜 당신의 어제를 입고 펄럭이는 걸까?
우리가 잊을 수 없는 것들은, 잃을 수도 없었다
내가 사랑했던 소년은
울적한 얼굴로 골목 끝에 서 있다
아가위나무 아래서 사랑에 빠진 새들은
달의 고독 같은 붉은 열매를 주고받는다

당신의 눈썹에는 녹산의 밤이 걸려 있다
이 사랑은 천지의 가슴이 뛰는 것
나와 함께 떠나자 Come away with me
저기 탕헤르나 카사블랑카
나의 창으로부터 멀리, 새들의 음모로부터 멀리
죽음도 무심하고 삶도 무심한 곳으로

해 질 녘 서러운 지붕은 맞은편 유리창 위에
붉은 망점을 찍으며, 시간 밖으로 날아간다
사람들의 얼굴은 손수건처럼 펄럭거린다

3부

시인을 찾는 등장인물들

거울 속에서
말은 죽은 이들의 장난감

거울 속에서
우리는 새로운 하늘을 가져오는 사람
당신에게 보이고 만져지고 싶어요
밤의 입 속에서 태어난 유령이
휴식을 찾아 빈집에 출몰하듯이
우리는 인간의 여백 위에 찾아오죠

우리는 선물을 주는 데 익숙한 사람
재채기로 가득한 별들의 수다를
당신의 입김에 살아날 붉은 재를 가지고 왔습니다
이것은 마라의 피,
수선화 피는 따스한 흙을 씹으며
죽은 말들을 일어서게 하죠

우리는 우울한 야생의 뇌

자신의 깃 속에 눈을 묻은 검은 백조처럼
삶에도 죽음에도 이르지 못한 채
언제나 '과도적 상태'에 놓여 있어요

이 밤에 당신은 아프고 하늘의 깊이로 숨쉬며
참회의 말을 탕진합니다
어떤 언어로 당신을 되돌릴 것인가요?
당신은 거울의 망막
사물이 보는 눈에 자신을 바친 몽상가입니다
그러니 어떤 시제를 가져와야 할지 모르겠어요

거울 속에서
우리는 일곱 개의 밤이 먼지로 변한
일요일 아침의 불안
그대 잠꼬대 끝에서 사라지는 녹슨 그림자들

거울 속에서
검은 새가 자신의 마지막 날개를 노래와 바꿉니다
노래를 해석하기에는 당신은 너무 늦을 거예요

검은 고독, 흰 고독

당신은 검은 올리브 열매를 한 알씩
내 입으로 떨어뜨렸다
죽은 물고기와 재스민 냄새가 얼굴에 스민다
오라, 오라, 나는 노래하는 변기
내 목구멍은 회전문처럼 열리고 닫힌다

이곳은 고해가 행해지는 신성한 화장실
장엄한 보리수 아래 앉듯, 이 비어 있는 왕좌에 앉으시라
흰 고독 위에 앉은 검은 고독,
당신은 깨끗이 정화될 것이다

고행자도 끌어안고 걸인도 끌어안고
고백과 예언이 뒤섞이는 반죽통
당신의 심장에선 아직도 잉크가 새고 있나?
나는 눈물로 가득 찬 목구멍
당신을 비울수록 비워지지 않는 것은 무엇인가?

이것은 허공으로 통하는 입구

나의 길은 하느님의 창자보다 더 길고
모든 노선은 나를 거치게 되어 있다

나의 길은 당신이 낳은
미로를 끌고 멀리 가는 것이다
눈물 흘리는 아이들의 옹알거림처럼
이미 씌어진 것들을 지우기 위해
당신의 조율에서 멀리, 잘 닦여진 메모로부터 멀리

나는 인간의 연대기를 간직하고 거대한 속삭임을 듣는 자
당신이 동물을 먹고 산 채로 동물을 묻는 동안
귀머거리가 벙어리에게 귀 기울이는 동안

나는 씌어진다 흰 고독위의 검은 고독으로.
혹등고래처럼 엎드려 자기 성좌를 향해 가는 나는
잠이 없는 어두운 동물이다

백색 무용가

그 집에는 말하는 새가 있고
바스락거리는 뼈가 있고, 방황하는 냄새들이 있다

그는 나에게 깨어진 거울을 보냈다
내가 가까이 있어도 내가 보이지 않았다

나는 희미한 계단을 굴러떨어지는 뱀이 아니다
미세한 틈새로 이탈하는 시간
회색앵무의 먹먹한 그림자다

마른 새장 냄새가 나는 방은
언제나 일요일이고
부서질 만한 은빛 날개도 가지지 않았다

심장에 거울을 넣어 새를 불러냈다
그것은 나를 보고 듣는 투명한 새
그의 시간은 내 눈꺼풀 앞에서 움츠러들었다가
눈을 뜨는 순간 접은 주름을 펼쳐놓았다

〉

나는 지금 어느 집에 있는 것일까?
문을 열면 거기 또 문이 있고
무엇이 고개를 내미는지 몰라도
새장은 비어 있다

고양이의 내성적 발톱은
자기 발바닥 속으로 고꾸라져 들어가고
꽃들은 새의 표정을 지었다

내가 던지는 그림자는 나와 닮지 않고
오른발 왼발로 나는
허공을 밟으며 간다
공허를 누르며 간다

입에서 키릴어가 빠져나갔다
모든 것이 툭툭 끊어진다

월요일 다음에 화요일이 오고

창은 벌레의 날개로 가득 차 있어
나는 한 줄기 선인장처럼 누르면 즙이 흘러나올 것 같아
마음 깊은 곳에서 말들이 움직이고 있어
월요일 다음에 화요일이 오고
황사가 어린 하늘에 눈이 내린다
꺼진 외등의 눈꺼풀처럼 내리는 눈,
기침처럼 내리는 눈,

너의 목소리가 내 목소리에 젖어든다
나는 이 순간 숲이고 깃발이고 나뭇잎이라고 생각해
나는 다양한 계절, 이월 아니면 십일월이야

한 장씩 떼어내는 일력에서 일월과 이월을 떼어내었어
월요일 다음에 화요일이 오고
물이 빛나는 날(水曜日)을 지나
바람이 빛나는 날이 오면 안 될까?
말이 빛나는 날이 오면 안 될까?

〉

저건 하늘의 숨결, 하얀 말〔言〕이야
검은 땅에 내리는 눈〔雪〕의 말
태양을 품은 이카루스가 몸으로 쓰는 말
아모鵝毛같이 가볍고 부드러운 물의 날개
그는 다시 태어나고 만들어질 거야
태양을 향해 증발하는 거품처럼

가슴이 붉은 새 한 마리 숲으로 헤엄쳐간다
나는 창에 '심해어의 날개'라고 써 넣는다
하나의 연결된 말이 생각나지 않아,
은회색 떨림을 가진 몇 개의 단어를 적어 넣는다

창은 소리가 지워진 스크린 같아
숲으로 난 길이 부풀어 오르다 지워지고
무성 영화 같은 화면이 비워졌다
찬 유리에 몸을 부딪치고 죽은 날개들
건너편 여자는 정지된 화면처럼 미동도 하지 않는다
월요일 다음에 화요일이 오고,
그 다음에는 수요일水曜日이 온다

사막의 정원사

여러 개의 바다를 지닌 달이 나의 사막에 도착했다
너의 고독에는 에로틱한 구석이 있다
모든 시간을 환대하고
네 장엄한 시선으로 만들어낸 것은 무엇인가?

이 정원을 위한 목표가 무엇인지 묻지 마시라
이곳에서 별은 소리 나는 환각으로 보일 뿐
별들이 자주 움직여 어느 별이 기준인지 모르겠다
어떤 정원사는 십 년간 항하의 물을 귀에 담아두고
어떤 정원사는 강물을 마셔 사막을 만든다

자신의 긴 그림자 속으로 은둔자는 사라졌다
핸드폰이 만트라가 된 도시는 우리의 음악을 낙태시켰다

나는 송아지가 첨벙거리는 소리를 잃어버렸다
비릿한 우유와 야생 상추의 맛을 기억하지 못한다
내 계획은 녹색 손가락으로 씨앗 같은 단어를 떨어뜨려
당신을 경이에 감염시키는 것이다

〉

사막여우가 민들레 홀씨를 쫓아가는 방식으로
첫 비행을 나선 부엉이의 어린 발가락 같은 것으로

나는 고통에 민감해지고
모든 주검을 훔쳐서 나의 몸을 대체하길 갈망했다
죽은 물고기에게 황혼과 어둠은 다를 바 없지만
식탁을 빛내 줄 해안선은 어디서 가져와야 하나?

한여름의 저녁 식사 같은 미각을 지니고
게으름에 대한 애정을 되살릴 것, 이것이 사막에 머무는 길이다

나는 마르지 않는 몇몇 시제들과 함께 살고 있다
광인의 더듬거리는 말이 철학자의 이론보다
더 현명해지는 순간, 흩어졌던 문장이 전율한다
그들은 항상 내 그림자를 불렀다

달은 백리향 냄새를 풍기며 사구 위로 굴러갔다

한밤에 난 북역으로 나갔다

이제는 편지를 쓸 시간,
그림자가 나를 잊어버리는 시간
그러나 아무도 너의 주소를 알지 못한다

무아, 너는 무엇에 의해 시작되니?
말에 의해서니? 시간에 의해서니?
우리는 어떻게 모래로 만들어진 세련된 존재가 되었을까?

이 방은 발아하지 않은 말들의 은거지
나는 시간의 밖에 있고, 아무런 시계도 갖고 있지 않다
너의 섬에는 언제 봄이 오는가?
다섯 살 먹은 누에는 오래도록 살았고 결국 형태를 바꿨는가?

무아, 아무, 무아,
미궁 같은 길을 따라 우리가 멀어져갈 때
나를 기억해줘

신을 삼키고 내 두뇌는 커졌지만
몸은 귀도 없고 입도 없어졌어

밤의 살갗 같은 유리 벽엔
젖은 나방이 방 안을 들여다보며
자신의 거처를 몰라 떨고 있었다

나는 이 방이 끝없이 유랑하고 있다는 걸 안다
자신 속으로 들어가 꿈을 꾸고 있는 달처럼
밤하늘을 훌쩍이며,
토성의 적도에 매달려 있는 고리 같은, 방

때때로 나의 방을 먼 데서 본다
안녕, 안녕, 찢어진 미소를 걸친 가면들이여,
내가 없는 집이여,
밤의 높이에서 커튼은 말을 잃었다

너의 이름이 쓰인 편지는
북역의 여행자처럼 가방을 끌고 사라져갔다

재의 만다라

언더그라운드의 꽃들은
어떻게 나비의 입술에 말을 걸까?
파리의 겨울 동안, 태양은 왜 그렇게 나쁜 동물인가?

이 도시의 겨울엔 안개 수집가가 살고 있다
누구세요, 라고 물으면
나, 신원 미상이요, 라고 답해오는 사람
우리가 일인칭 복수형으로 말할 때
당신의 핏속에는 얼마나 많은 이름들이 들어 있을까?

장소를 절망에 빠뜨리는 시간은 어디에 있나?
살아 있는 죽음과 죽어 있는 말들이
안개 속에 씨를 뿌리는, 이곳은 재의 만다라
꿈이 법이 되는 나만의 정부에선 모든 것이 경험되었다

당신이 고집스럽게 펴냈던 불안은
어디에 잠들어 있나?
어떻게 당신은 묵은 재의 무관심으로 돌아가게 되었나?

〉

비 오는 날, 나는 내 고무 인형을 목욕시키고
옆집 베란다에서는 개가 뛰어내렸다
죽음도 옳고 삶도 옳았지만
저쪽에 가 닿는 사람은 아무도 없었다

북극의 지도처럼 아무 표시도 없는 사방의 회벽
그 속에 피안을 간직하고,
이방인 같은 밤이 지나간다
'미래는 이 원소들의 화합물'
이런 문장들을 내 입술 위에 얹어놓으며.

꽃들은 왜, 그들의 이름을 물을 때
내 이름을 묻는 것일까?
나비의 혀 속에 녹아 있는 것은 꽃들의 먼지
지구 끝에 머무른 태양은 끊임없이 재를 만들어낸다
해는 두 개의 중심을 가진 타원으로 왜 변신하지 않는 걸까?

어느 떠돌이 개에게 바치는 송가

자기 장소를 가지지 못한 자에게, 자신도 알지 못하는 곳으로 보내진 자에게 '어디?'라는 물음은 불손하다. 황혼 무렵 그는 이 도시로 건너왔다. 자기 그림자를 앞장세워 가는 자, 그가 몇 살인지는 아무도 몰랐다. 섬세하게 떨리는 속눈썹 아래 무엇이 담겨 있는지 누구도 그 눈을 들여다본 적이 없다. 흘깃, 쇼윈도로 지나가는 그림자. 그것이 자신의 그림자라는 걸 알지 못했다. 모든 것이 같은 방향으로 가고 있었다. 지나가는 사람에게 아는 체를 해보려했지만, 입 안 가득 채워지는 저 나선형 구름. 난감한 표정을 짓고 싶었지만 그런 표정은 생각나지 않았다. 오늘 저녁 구분할 수 있는 게 아무것도 없었다. 그는 붉은 하늘 쪽으로 가서 마침내 강가의 벤치에 도착했다. 그 벤치는 정원의 이름과 관련된 곳이었다. 강 건너 오렌지 빛으로 피어나는 정사각형의 창문들.

그는 불빛이 비치는 그런 방에 감금당하고 싶었다. 오랫동안 무언가를 바란 적이 없지만 그 순간, 그 바람은 간절해졌다. 그리고 무릎을 꿇으며 쓰러지고 말았는데, 사람들은 밟고 지나가지는 않았다. 그들의 발아래서 편안하게 누워 있었다. 자신이 어디에 있는지 알 필요도 없었다. 유일하게 기억하는 건 발끝에서 떠도는 한 목소리뿐이었다. '지금 만발한 벚나무 아래를 지나왔어' 그는 하마터면 사랑하는 사람을 떠올릴 뻔했다. 비가 바람을 적셔 전율케 한다. 새벽 다섯 시의 외등을 보지 못한 사람은, 이 도시가 어떤 고독으로 시들어가는지 알지 못한다. 그늘에서 꾸덕꾸덕 말라가는 눈처럼, 표정으로부터 유배된 그의 귀는, 아무것도 말하지 않으면서 모든 것을 말하리라. 현재가 멈춘 눈 위로, 나무는 그림자를 옮겨 조문객의 표정을 차단해준다. 달이 빈 여행 가방을 보듯이 그를 바라본다

깊은 숨

오늘 밤 한 슬픔이 나를 알아본다
내 눈이 그를 부른 것처럼.
그 눈은 많은 그늘을 모으고 있어서

누가 차가운 숨을 내쉬고 있는지 알 수 없었다
비극적 주제에 경도된 사람은
망가진 화면 같은 블랙 속으로 떠났다
붉은 심장을 익사시키려

잠이 찾아와 내 옆에 누웠을 때
죽음도 함께 잠이 들어서 나의 꿈을 꾸었다
희미한 울음이 나를 관통한다

어두운 침수지의 나무 그림자가 수면 안에서
수면 밖과 조응하듯이
반투명 한지 같은 잠과 꿈 사이,
새장을 빠져나오려고 울새가 울고
꿈 밖에선 방문을 할퀴며 고양이가 울었다

플랫폼을 빠져나가는 기차를 따라가며
유리창의 얼굴을 만지려는 손처럼
당신의 손자국에 내 손가락을 갖다놓는다

울음이 번진 흔적 위에 또 덮어쓴 흔적

잠의 그림자가 내 손목뼈에서 느슨해질 때
나는 경계가 흐려진 단어들을 줍고 다녔다
평범한 말로는 애도되지 않는 세상을 위해

숨이 꺼져가듯 사라져가는 음, 이라고 쓴
말러의 마지막 악절처럼
모든 소음들이 잦아드는 소리를 듣는다
내가 기억해야 할
모든 것은 당신의 반그림자 속에 떠돈다
내 잠은 당신이 손가락을
집어넣는 순간부터 더 이상 깊어지지 않는다

내 말은 월식처럼 어두워졌다

아무리 죽음을 공부해도 망상은 죽지를 않아. 해질 무렵 지빠귀 울음소리를 따라 집을 나왔다. 태양의 한가운데를 쓰윽 뚫고, 저 세상 입구로 들어가고 있는 모락산. 앞으로 가고 있었는데 여전히 산허리를 돌고 있었어.

그곳에 들어갈 수도 없고, 그 안에 있는 것은 밖으로 나올 수 없어. 진달래술을 마신 것처럼 숲이 나를 끌고 다녀. 처음 걸었던 길들이 멀리 어스름에 묻히고 환하게 솟아오르는 우듬지. 나이도 없이 태어나는 바람이 걸려 있다.

북을 두드리며 자작나무를 타는 샤먼처럼
밤을 기다려 나무 위로 올라간다
처음 하늘이 열리던 날처럼 내 그림자를 벗고
나무에게 나무하도록

내 말이 아홉 번째 하늘에 가 닿을 수 있을까?
달의 사제처럼 바위 성소에 제물을 바쳐볼까?
가지 끝에 걸어둔 옷이 허수아비마냥 바람에 나부낀다

〉

자정의 집회 같은 숲의 웅얼거림. 쓰러진 고목 위로 지나가는 바람은 파이프오르간 소리를 낸다. 바로 그 순간 나는 하나의 비밀을 엿보았다. 비밀은 뒷걸음질 치며 빠르게 사라져갔다.

쓸개 담긴 밤이 나를 찾아왔다. 그 쓸개를 찍어 나는 쓰리라. 화산의 달이여 떠올라라. 강물의 북들이여 깨어나라. 구름은 분화구를 메우고 몇 줄기밖에 떨어지지 않는 비. 검은 밤이 입속에 쌓인다. 내 말은 월식처럼 어두워지고

두 개의 귀를 가진 거울

1. 목소리들의 반사경

자정이 끝나갈 때
거울은 꿈을 꾸기 시작한다
영원히 무언가를 반사시키며
중층적으로 심연을 만들어내는 세계를

불면하는 화자 k: 나에게 과연 나의 비밀이 있을까
얼굴이 오면 얼굴을 되풀이하고
끊임없이 나는 대체될 것이다

거짓 환영을 만들어내는 망자들
그들은 고양이처럼 우는 밤들을 꺼내
고 있다
나는 듣는다
사악하고 고귀한 목소리
하나가 셋이 되고 넷이 되는 목소리
거울이 길어내는 것들을

거울의 목소리: 수세기 동안 울음을 참아왔던 침묵들
너는 어떤 허영 뒤에 숨어 있었나?
마치 내 얼굴인 양 부풀어 오르는 밤은
코란의 암송처럼 낮게 웅얼거리네

밤의 목소리: 나는 이 도시에 대자로 누워 있어
여기 시궁창 속에
심장은 잉크물로 가득 차 있고
밤의 속살을 깨무는 입술은
수만 가지의 지방색을 띠고 있어

k를 찾아온 별의 목소리: 너는 누구의 꿈 위로 늪들을
방사하느냐?
일어나라, 거울들아,
나를 나타내도록
내 핏줄을 수금에 걸어라
나는 시간의 문턱에 주문을
걸어

음악을 만들어내는 자
나의 열정은 귀머거리를 압도
할 것이다

거울의 목소리: 마음을 훔치는 일에 익숙한 검은 숨결
들아
내 의무는 변덕스런 집요함으로
심연을 향해 돌진하는 것
견고한 별들에 금이 가는 소리를 들어봐
내 얼굴은 너덜너덜 구멍이 나 있어

목소리 k: 그래, 너 심연의 수호자
바닥의 깊이에 눈을 묻었지
목젖에서 식지 않은 죽음을 풀어내던
푸른 입술의 무당들은 어디에 있나?
나는 거울을 쓰는 사람
그러나 거울에 의해 씌어진 사람이다

〉

검은 별의 합창: 나를 잉태하고 나를 뱉어내는
자궁 같은 거울아, 여기 우리는
해와 달의 두 눈 같은 두 개의 거울 사이
에 있네
그래, 이 세계는 거울의 방
우리는 거울로부터 태어난 종족
이 검은 빛의 착란을
깨뜨리지 않으려고 노력했어
우리는 거기로 가는 단순한 우회로
사막을 가로지르는 끝없는 우회로
그 거짓 미덕을 우리는 거울의 길이라
이름하네

2. 불가능의 극장

목소리 k: 느슨한 잠 속에 펼쳐지는 수다스러운 기억처럼
무한히 증식하는 하나의 목소리들
그것은 혼자 시작될 수도

끝날 수도 없는 노래
나는 거울의 배교자
우리는 대화를 반복하지만
일치는 존재하지 않을 것이다
그것은 불가능의 이름, 불가능의 극장

검은 별의 합창: 뒤집힌 문자를 지닌 거울의 악필,
독해 불가능한 그 얼굴에서
우리가 모습을 드러내는 길은 어디에
있을까?
거울의 중심은 어디에 있나?
자정의 중심은 어디에 있나?

목소리 k: 밤 끝으로부터 나에게 온 얼굴
나는 목소리를 떼어놓기 위해
안과 밖, 나와 너라는 단어를 잊으려 애썼다
이 반복 문법 속에서
어떻게 환의 고리를 비틀 수 있을까?

〉

별의 목소리: 그것은 미로, 거울을 지나면 또 거울
그 속에 떠오르는 불안을 기록하고
거기서 빠져나온다고 생각하지만
그곳으로 되돌아가고 있지
네 눈은 거울의 표적,
네가 바라보는 거울이 너를 바라보고 있어

목소리 k: 누가 주목하고 누가 주목을 받는가?
네 얼굴은 중심의 의미가 뒤바뀌는
시간의 야생 바닥
그림자의 특이한 음조는
우리의 어긋난 틈새에서 울려 나온다 솟아난다
그러나 너는 자동사들의 자동사
최초의 자동사로부터 빠져나갈 방법이 있을까?

거울의 목소리: 내게는 결코 주어지지 않는 휴식
돌아갈 집이 없는 이상한 자유
나는 나를 보충하는 운동에 사로잡혀

있어
우리가 공유했던 비밀은
아무것도 공유할 수 없다는 것
너로 인해 나의 비밀 공간이
더 깊고 정교해졌다는 것

너의 빨랫줄에는 플라스틱 녹색 수갑들이
입을 벌린 채 줄줄이 달려 있었지
너는 나를 인용하고 있었지
이 빨래집게들을 조심해
화면에 잡히지 않는 인용 부호들을 조심해

3. 거울-인간

목소리 k: 오늘 밤, 언어란 커다란 늪을 향해
겨우 뻗은 손 같다
한 줄기 빛이 낮은 문을 건너고 있다

우리의 사이에서 머뭇거리다
다시 떠나는 그림자들
저 위의 천사는 또 하나의 거울을 들고
빛의 공을 던지고 있다
이 방 저 방을 날아다니는 그림자는
사물과 이름을 구분하지 못한다

노란 미모사 향기와
고양이 똥으로 잠을 깨우는 시계는 어디에 있나?
나의 방에는 거울의 꿈이 끓어 넘치지만
그것을 열 수 있는 열쇠는 없다

거울의 목소리: 당신의 꿈에서는 제피 냄새가 났지
당신은 노래를 부르지 않지만
그 안의 누군가가 노래를 부르고 있었지

목소리 k: 나의 노래는 한 번 멈출 때마다
나에게서 조금씩 멀어져갔다

무언가를 받아쓰려고 하지만
어둠의 아가미에선
비릿한 말 거품만 빠져나왔다

별의 목소리: 너의 손은 어떤 기호를 끌어내고 있느냐?
너는 세상의 모든 밤들을 모아 오지만
이미 11월은 바닥나고 있어
네가 가장 마지막에 만나게 될 낱말은 무엇이냐?
거울에 갇혀 있던 최초의 사람이 꿈틀거린다

거울의 목소리: 내 등에 업혀 꿈을 꾸는 사람은 나보다 나이가 많아
내 꿈은 절대 깨어나지 않는 꿈
이 방적 기계는 현실을 만들어내지 못하지
우리는 서로의 울림을 따라 웅얼거렸지만

불을 번식시키지는 못했어

별의 목소리: 우리를 다른 세계로 끌고 가는 네 수정체
의 힘
저녁의 축제는 끝나가고, 우리는 없었던가
걸음걸이를 바꾸며 횡단보도를 건너는 사
람들
자기 서랍 속에 거울을 묻은 사람들
그들은 책에서 입술로 옮겨간
말들에 의존하고
행사에 맞는 말들을 골라 입었어

목소리 k: 꿈에서 깨어나니 또 다른 꿈속이네
그토록 분명하게 말했던 혀가
내 말 속에서 미끄러지고 있다
나는 실패한자, 영원히 언어로 실패할 자

바라보기를 멈춘 눈동자를

꾹꾹 밟아대던 시간들,
한때 나의 가면이었던 목소리들
우리는 서로의 목소리를 교환하고
어두운 빛을 쏘아 넣었던 운명을 바라본다

4. 자정이 작동한다

목소리 k: 우제무제수제수브젝틸…
환각에 사로잡힌 목소리가 페이지에서 깨어
날 때
어떤 망설임이 깨어나는가?
너는 시간과 공간을 중첩시키는 유리종이
그 위에다 글을 쓰게 만드는, 나의 수브젝틸
너는 아무것도 요구하지 않지만
나는 그 빛을 탕감할 수 없다

거울의 목소리: 그것은 접을 수 없는 나의 힘,
나는 나 자신으로부터 끊임없이 분열

했어
그것이 내 사랑의 조건
너의 말을 내 얼굴에 각인시킬 수 있을까?
네 얼굴을 하나의 점으로 축소시킬 수
있을까?

별의 목소리: 너는 죽은 자에게 전하는 기별이 아니다
어두운 허공을 휘젓는,
숨을 내쉬는,
솟구치는,
꿈틀거리는,
유령이 출몰하는,
얼굴 없이 흐려져가는 늙은 달이 아니다

거울의 목소리: 네 한숨 소리를 들어야 할까?
아직도 종이에서 깨어나는 아이들이 있고
먼 새벽 종소리는 박공지붕 위로 흩어
진다

〉

목소리 k: 모든 가능한 방식으로
말하고 생각할 수 있는 장소는 어디에 있나?
치유할 수 없는 정체성에 대한 해독제로
너를 내 글쓰기 위에 놓아두었다

목소리가 출몰하는 너의 화면에
녹색 귀를 달고 있는
나무들처럼
오늘 나는 너의 사물이 될 것이다

내 앞에는 은박을 입히며 세상을 도금하는
하얀 벽이 있고
검은 눈동자에 무한의 획을 긋고 가는
새들의 서명이 있다

밤의 목소리: 내 허벅지 사이에서 자정이 착란한다
이제 거울은 내 자궁 속으로 들어갔고
나는 더 이상 눈이 부시지 않다

〉

거울의 목소리: 나에게 과연 나의 비밀이 있을까?
결코 나는 발견되지 않을 것이고
지금도 날조되는 중이다

나는 달의 색깔을 흉내 내면서
야생 동물 같은 매끄럽고 날렵한 동작으로
너의 검은 페이지에
하얀 구멍을 만들어낼 것이다
밤의 얼굴을 조준하는 천체 망원경처럼
또 다른 자정을 향해 나아갈 것이다
아무 곳에도 내려앉지 못하는
검은 새들과 함께
접을 수 없는 나의 귀와 함께

4부

태양의 도서관

누가 말(言)의 감염에서 벗어날 수 있을까?
나는 태어나기 전에 하나의 말 속에 잠겨 있었다
당신은 지평선에 눈을 얹고 소리 없이 나를 읽고 간다

당신이 나를 데려갔던 그 새벽의 도서관
그곳은 고해성사를 하듯, 빛을 토해내는
신비의 책들로 가득 차 있었지
책 속의 문장은 늪지대의 안개로 넘쳐났어

여기는 당신의 빛으로 길러낸 책들의 사원
귀머거리의 말들이 웅성거리고
책들은 매 순간 자라나지
나는 저 무한의 도서관에 있는
의미를 종잡을 수 없는 책

나는 바람에 뒤척거리는 페이지
햇볕과 그늘 속을 시계추처럼 진동하는 사람
바람과 함께 사막을 배회하고 돌아온 말은

몸의 페이지마다 스며들었다

나는 쉼표가 많이 들어간 문장처럼
천천히 읽혀지기를 희망하지만
이 책을 손에 들고 읽어 내려가기는 불가능해
내 몸은 대답을 찾을 수 없는 질문으로 가득 차 있고
나는 질문을 당신의 거울 너머로 보냈다
그리고 몇 개의 글자를 받아 적었다
질문을 멈추면 세계가 사라지는 거라고

이제 우리는 술어의 한계에 도달했으니
그 너머로 나아가는 것은
생각에 머물지 않는 자들,
나를 버릴 각오가 된 자들의 몫이다
그러니 난 여기서 멈출 거야, 내 몸에서 휘발하는 이 말에서

한 귀머거리가 말〔言〕과 함께 떠났고, 장님이 그 뒤를 따라갔다

겨울은 말한다

나비들이 내는 소음 없이
우리가 어떻게 첫 새벽의 여명을 알 수 있을까?
이 도시는 잡담이 가득하고, 여자들은 거세된 애완동물을 기르지

너는 어느 도시에도 이름이 등록되지 않은 자
바람 소리로 사람들을 변화시키지
네가 이동을 멈출 때 나무는 거기에 뿌리를 내렸고
동물은 황홀한 잠에 빠져들었어

흰색 위에 검은 사각형이 포개진 말레비치 그림처럼
네가 내게 비밀을 건네주는 사이

창문은 경련하듯 켜지고 또 꺼졌다
이 불꽃 뒤에는 누구의 얼굴이 숨어 있을까?
조용히 누워 회색 침대보로 나를 봉인할 때
겨울 빨래가 빨랫줄에서 삐걱거리듯
문장의 궤맨 자리가 한 땀씩 터질 때

〉

빙산 위를 날아가는 비행기처럼
보라색 여명을 볼 수 있는 입지점이 필요해
그러나 내가 듣는 것은 새파랗게 질린 저녁에 관한 것
임종 전의 환자처럼
잿빛으로 도망치는 혀에 관한 것

수첩을 찢어 방바닥에 날렸다
세계를 반죽하기 위해 내가 아는 건
향기를 만지고 맛보는 밤의 감각
죽은 자의 눈 위에 얹힌 패랭이꽃의 무게

겨울은 내게 말한다; 너를 신비로 가르쳤으니
이제 말하여라
내 유골 가루를 바위 위로 흩뿌리고
얼음이 장밋빛으로 물드는 순간에
어떻게 사랑이 시작되고
어떻게 내가 이 세계에 아름다움을 더하는지

피아노의 고독 속으로

음악은 항상 또 다른 말을 은폐한다
너는 피아노 앞에 몸을 수그리고
음악의 살 속으로 너의 살을 섞어 넣었다

어떤 절망적인 에너지로
자신을 망각할 때까지
침묵의 핵심을 묻고 또 물었다

'세상 속에서, 하지만 세상에 속하지는 않고'

끊임없이 달아나는 푸가의 형식을 사랑했다
겨울밤이 계속되는 북극 지대,
낯선 고장의 이름 없는 벽들을 사랑했다

매일 삼켜야 했던 약들의 목록
여러 손이 겹쳐 쓴 듯한 머리말의 메모들
카메라 앞에서
네가 먼 눈길을 던질 때

그 눈이 어떤 색을 만드는지 나는 알지 못한다

죽은 자의 땅에서 음들을 데려오기 위해
너의 손가락이 그려놓는 어둠 속에서

갑작스레 뚫리는 공백
불러도 오지 않고
와서는 곧 꺼지고 마는
작은 음들의 죽음
검은 수선화보다 더 어두운

이 빛의 소절을 받는다
음들 사이로 시간의 그림자처럼
너의 웅얼거림이 흘러나왔다

검은 피아노의 뒤편에서
어떤 허기처럼 올라오는 회색 안개를 향해
나는 가만히 눈을 감는다

구름이 내 방을 끌고 간다

밤의 혀가 소용돌이친다
이따금 나는 구름의 기억 속에 잠들고
아직 내 그림자에서 물러나는 법을 익히지 못했다

내게서 짐을 풀고 있는 광기는
새로운 피를 수혈하듯 목구멍을 두드려댄다
자기와 닮은 돌을 물고 구애하는 새의
돌 편지처럼, 내 척추 끝에 잠든 정결한 중량감
슬픔은 여기에 정착한다

눈을 감으면 파랗게 빛나는 어둠
절벽 끝에서 떨고 있는 발가락들
너는 물고기처럼 가난했고
사막에서 우는 낙타의 목소리를 가졌지

우리는 불타는 배를 타고 녹빛 바다를 항해했다
피리 소리를 내는 더듬이 같은 뿔 하나로
어둔 바다를 나선 일각고래처럼

〉

죽음의 정기를 입안에 집어넣고
두 해변 사이에서 갈증을 해결한 사람
너의 손가락은 구름의 땀 냄새가 난다
구름은 잠깐 동안 날개를 접고, 그림자의 숫자를 세고 있다

길들은 어떠한 약속도 깨우지 못하고
바람은 다시 북쪽으로 불기 시작했다
이상한 서명을 그려내는 구름을 버리며
너를 향해 꼬리치는 하얀 개를 버리며

달에 대한 강박관념

달은 새장 속에서 우는 새, 그 울음소리가 내 방까지 뚫고 들어온다. 새의 맥박이 나를 데려간다.

—저기 좀 봐, 초승달 아래 금성과 목성이 나란히 떠 있네
—달을 우리의 거주지로 만들어요
—당신은 오래 나이 먹었으면서,
그 의미를 알지 못한 채 중얼거리는 아이 같아

그들은 밤의 침묵 위를 걷고 있었어. 침묵의 돌 틈 사이 그녀의 힐이 끼었을 때 그는 달려오는 기차를 보고, 달을 포옹하듯 그녀에게 뛰어들었어. 달빛은 침묵 아래 있었지. 나는 어디에 있었냐고? 나는 아무 데도 없었어. 달빛은 내 머릿속에 있었지. 이것은 내 어릴 적 이야기. 달 속의 양귀비꽃들이 내 이마로 쏟아져 내려.

나는 달의 종족, 빛으로 가득한 심연이야. 내 머릿속에 누군가가 있지만, 그게 누군지 알지 못하고, 아무것도 숨기지 않으면서 비밀스러워져. 나는 눈물 흘리는 달의 눈

을 가졌고 태초의 소음에 귀 기울이지. 달의 문장에 길들어 태양의 해석법을 잊어버렸어.

벚나무 흐느끼는 밤을 낭비하며 당신이 만들어낸 것은 무엇인가? 그토록 검고 모호한 나의 입은 당신의 키스로 태어나지. 아침에 코란을 흥얼거리다가 저녁이면 뽕짝을 불렀던 시간. 역병처럼 삶의 황홀을 퍼뜨리기 위해 음악을 오염시켰어. 고칠 수 없는 억양을 지닌 언어가 나의 커피 잔으로 쏟아져.

나의 병은 항상 새로운 것, 나는 병을 '신비'라고 고쳐 부르지. 산 자와 죽은 자가 만나도록 어둠이 깊고 강렬해질 때, 당신은 박하 향을 풍기는 새의 비상을 보게 될 거야. 새의 울음소리는 마치 달의 눈물을 머금은 것 같아

흙과 구름의 詩

누가 땅에 묻힌 비밀문서를 끄집어내는가?
누가 지층을 삼키고 도시를 염색하는가?

지도를 그리는 새로운 측정법을 가지고 그가 왔다
이웃 땅이 배꼽을 열고 산 생명을 들어앉히는 동안
우리는 어떤 빛나는 순간을 향해 갔는가?

소풍 바구니를 채워 넣고 유원지로 차를 몰고
심야 극장의 재난 영화를 보며 살아갈 이유를 챙겼지
가슴에 손을 얹을 땐 휴대전화를 찾을 때뿐

두 눈이 가로막힌 그가,
땅에서 눈물이 뽑히고 침묵을 강요당한 그가,
검은 비늘을 걸치고 내 방문을 두드린다
진흙 강물이여, 우리의 머리를 조롱하고
달리는 발들을 삼키며 얻어낸 것은 무엇이냐?
'붕괴'는 내가 사랑했던 말이 아니다

〉

머리맡에 놓인 백지와 샤프 펜 하나
내 두 개의 젖가슴으로
삶과 죽음에 젖을 물리고
나는 가까스로 균형을 잡으려 한다

지금은 재와 안개의 시간,
아무도 범람하는 물의 언어를 매장하지 못한다

바다의 전사여 오라, 나는 죽음을 받아들이는 죽음이다
벽의 틈새에 끼워져 있던
죽은 아버지의 편지처럼
주술이 풀린 하나의 외침이 입안에 남아 있다

deep blue day

밤은 난바다 냄새를 풍기며 이곳에 하역된다
너는 한 손에 붓을 들고
다른 손에는 거울을 들고 밤을 가로질러 갔다

네 영혼이 물감처럼 번져 저 달에게 갈 수는 없는 것일까?

거울은 미친 듯이 텅 빈 공간을 만들어냈다
그곳은 비릿하고 어슴푸레하고, 어떤 그림으로도
메워지지 않았다

너는 생각 속에서 한 번, 두 번, 스무 번을 건너가본다
욱신거리는 왼쪽 귀에서
별이 바스락거리는 소리가 들린다

너를 유지시키는 것은 이 불안,
네 몸속에 가두어둔 환몽들
신을 깨우는 아우성에도 불구하고, 신들은 아직도
너를 꾸고 있다

〉

우울은 탕진할 수 없는 재산,
아무도 말하지 않는 억양으로 너를 말했다
여전히 너의 시계는 밤보다 빨리 가지만
고칠 것은 없다
유리병 속의 오일은 굳어버렸다

너는 구두점 없는 긴 편지로
시간을 씻어낸다
손가락이 마비되어 깨어나는 아침이면
작은 천창은 또 엉뚱한 그림자를 그려낼 테지

밀밭 길은 사라졌다 흔들리며 저 끝에서 되돌아온다
안과 밖을 뒤집으며
북풍은 허공을 흔들어대고 있지만
누가 이 깊고 비통한 쾌감을 앗아갈 수 있을까?
노랑 별은 파랑에 떨며 네 손가락을 적시는구나

애먼지벌레의 잠

그렇다, 너는 해 질 녘 태어난 어둠의 사생아
바람을 걸치고 이 지상으로 와서
언제나 밤 속으로 걸어 들어가지

어둑한 강기슭, 시든 풀 냄새 아래 너는 엎드려 있다 애매미 짤막한 노래가 심장에 타들어갈 때, 잠결에 마시는 더듬이 끝의 물 냄새, 그 입에서 중얼중얼 흘러나오는 거품, 하루를 그 몸에 담아보지도 못한 하루살이처럼, 네 몸은 바람결에 풀리기 시작한다 소나기를 담았던 눈은 다시 비워지고

민달팽이가 남긴 은빛 길을 따라
나뭇가지 위로 몸을 옮긴다
가지 끝의 길은 팽팽히 조여져 떨고 있다
한기가 등줄기를 빠르게 지나간다

생식을 끝낸 먹그림나비가
땅바닥에 날개를 문대어 제 무늬를 지우듯

먼 불빛을 향해 너는 날개를 편다
다리 위에 조등 같은 초승달이 내걸린다
저 멀리 어느 집 하나, 새벽까지 열려 있는데

일곱 번째 작별 인사*

스피릿**이 간다, 화성의 혼이 되어
망가진 바퀴를 끌고
외로운 문장처럼 기우뚱거리며
분화구 가장자리를 따라간 흔적

너의 행성은 아직도
불 같은 땅과 어두운 바람을 섞고 있니?
하늘이 젖을 물리듯 여기는 봄눈이 내렸어
네가 빛을 향해 전지판을 펼쳤을 때
이곳의 모니터엔 너의 지평선이 나타났어

그곳은 답답하고 광활하고, 안이 없고 밖이 없지
내 종족의 언어로 만들어진 순례자
너는 쉬이 늙어가고 눈도 나빠졌지
더 이상 종료 명령을 내릴 수도 없는데
네 눈은 지구의 밤으로 슬프게 열려 있다

지금은 너의 탯줄을 매달 시간

별빛이 너를 들어 올리는 시간
삼목 향기 가득한 언덕에서
지평선을 향한 너를 큰 소리로 부르고 싶어
나는 너를 나라고 불러본다

죽은 혼과 춤을 추는 부토 댄서처럼
내 몸에 너를 느끼며
하늘을 향해 손가락을 들어 올릴 거야
자기가 아니라 다른 것을 가리키기 위해
거기 서 있는 이정표처럼

* 일곱 번째 작별 인사 : 49재.

** 화성탐사 로봇.

고요한 밤 거룩한 밤, 어둠에 묻힌 밤

당신의 초대장이 여기에 도착한다
'우리 함께 환상의 섬으로 순례를 떠납시다
젊은 연인들은 사랑을 찾아옵니다'

그러나 여기는 불타는 연평
이곳에선 아무도 노래하지 않는다
나는 기우뚱거리는 그림자,
포탄에 망가진 개
내가 모르는 소리가 머리 위로 쏟아진다

나는 해적 같은 밤의 인질
내가 여기 있다는 걸 누가 알고 있을까?
포탄에 뚫린 구멍들이 나를 지켜본다
구멍 너머에서 홀로 새끼를 낳는
앙상한 고양이

오늘은 고요한 밤 거룩한 밤
날개가 뚫린 천사들은 크리스마스트리 옆에 서 있고

생일 케이크 위에서 축포처럼 터지던 대포 소리
밤의 신전에 바쳐진 번제물 같은 동물들
하느님은 투명 망토로 재의 땅을 덮는다

이곳은 불타는 섬
대륙의 치마꼬리를 잡고, 환등처럼 떠오르는 섬
날개 꺾인 새들은 진실을 살면서
거짓을 말한다

어린 고양이는 조용히 발아래 와서
내 다친 발목을 감는다
물음표 같은 꼬리로, 대답을 기다린다는 표정으로

눈먼 음유시인

유리알 눈과 어두운 귀를 끌고 가는 것은 무엇일까?

한 마리 새도 없는데 꼬리를 물고 나오는 노래들
그것은 사그라지는 불꽃같은 눈에서 태어났다
그 눈에 마치 비밀스런 영역이 있는 것처럼

그것은 밤 한가운데의 밤, 그 밤은 누군가의 혼 같다
그 혼은 아무렇게나 방황하고
소리의 배면과 부딪혔다
내 눈은 비어있지 않다, 고 혼잣말을 하면서

누가 수신자이고 누가 발신자인가?
그 밤은 하나의 입으로 말하지만 이중으로 말했다

그의 시간은 종이 상자 안에 남겨진 청동 거울처럼
모든 이야기를 삼키고 있다
버스의 철제 의자와 창문 사이에서
손을 흔들거나 이름을 부르던 작은 거리

죽은 개의 색깔을 닮은 갈라진 담벼락들

어둠은 어디에 강조점을 두는 걸까?
소리는 강박적으로 그를 끌고 갔다
오랫동안 찾던 사랑을 비로소 찾은 사람처럼
낮과 밤이 더 이상 구분되지 않는 곳
잠꼬대하는 아이들의 말이 잠들어 있는 곳

이 침투해 들어갈 수 없는 어둠에게 보여지고
밤은 그를 읽기 시작했다
그의 눈은 밤을 흡수하여
절대의 눈까지 열려 있는 것 같았다
추락하는 별들의 마지막 그림자를 그는 지나갔다
그 걸음걸이는 고독하고 장중했다

입술에 대한 향수

이것은 누구의
심장이 뛰는 소리일까?
당신은 밤마다 내 침대로 내려왔다

　　나는 바위산 사이로
　　사라지기를 동경하는 하나의 목소리
　　관을 품고 자라나는
　　바오밥나무처럼
　　너를 품고
　　현재에 대한 향수를 낳을 것이다

당신은 내 머릿속에
끝나지 않는 옷감을 늘어놓았다
검은 천 위에
꼬불거리는 태양의 문양들
키스 속에 혀가 섞이듯이
당신의 여명은 나의 밤에 흘러들었다

어떤 말이 육체를 잃고
한 조각의 사물이 될 때까지
그것을 반복해 본 적이 있나?
우리가 쓰는 그 말은
익숙한 것으로 시작하지만
생경하게 끝나고 말지

내 잠은 기적이 가득한 침대
나는 백 년 전과 같이 문을 연다
내 입술은 당신을 삼키고
여러 목소리를 낳을 것이다
그것은 당신이 나에게 먹였던
시간의 피

내가 당신에 대해 아는 것은
언제나 지나간 것
당신을 말할 때면
모르면서 말하는 거지

〉

저 허공의 악보를 들고
어둠을 지휘하는 자는 누구인가?
오늘 밤 나는 잘못 조율된 시간을 겹쳐놓고
환상에 질식된
낱말들을 없애버렸다

　　새장 밖의 새가 울면
　　새장 안의 새가
　　노래를 할 것이다

목구멍에서 시계 초침 건너가는 소리가 난다
첫 줄이 거꾸로 쓰인
종이는 바람처럼 울고

말〔言〕의 수태를 기다리며
나의 밤은 비어 있다
검은 케이스 속에 든 기타처럼

귀머거리의 말들을 위한 시간

나의 하루는 하나의 말로 시작된다
내 몸을 열어두고
몸 안으로 허공을 끌어당긴다
허공이 나의 말을 씻어내도록
숨을 들이쉬고 내쉰다…
한 생각이 일어날 때마다 stop, 하고 멈추기를 반복하며
한 번에 한 순간만 집중하며…
'나'라는 말을 빼야지… stop,

목소리에서 달아나는 말들을 더듬으며 잠시 주저했다
stop,
말의 감옥에서 풀려나는 말들 stop,
아무도 기억하지 않는 시간 속에서 길을 잃은 문장들
stop,
수많은 습작 끝에 모든 기법을 뛰어넘은 대가처럼
거침없이 당신을 써 내려가고 싶어 stop,
내가 썼던 말의 그림자를 찾아다니는 stop,
나는 깨어서 당신을 기다리고 기다립니다 stop,

당신은 내 마음에 장대를 걸쳐놓고 여울 소리를 듣고 싶은 거죠? stop,

당신에 대한 질문을 매 순간 열고 닫으며 당신에게로 다가갑 stop,

내 입에서 돋아나는 것은 당신이 내 안에 심어둔 산딸나무의 목소리, 태양의 부호들 stop,

대지에 노래를 뿌려 그림을 만들고 다른 우주로 옮겨갈 수 있을까? stop,

아직은 알지 못하는 다른 시선, 다른 빛으로 넘어가려면

나의 행성을 한 바퀴 돌아야 합니다 나 자신을 한 바퀴 돌아야 stop,

나는 세계의 거푸집에 부어 넣고 만들어진 주조물이 아닙 stop,

기성복 같은 언어로는 당신에게 다가갈 수 없습 stop,

나는 나를 벗어납니다 나에게서 벗어나는 것이 당신의 기쁨이라는 듯이 stop,

그러나 내 심연이 만들어내는 소용돌이에서 나올 수 없 stop,

당신에게서 물러나지 못한 채 나는 무한으로 stop,

원을 만들며 구부러집니다 stop,

당신과 다르게 소통할 수 없다 해도 감사의 말을 전할 뿐 stop,

말더듬이의 말로 당신을 더듬어봅 stop,

나는 허공입니다 stop, 말의 행성이 쭈글쭈글해집니다……

땅거미를 끌고 가는 남자

녹색이 번지는 팔월의 해 질 녘,
모슬린 붕대처럼 풀어진 신작로를 따라
사내가 달린다
물에서 막 나온 듯한 알몸으로

아이들이 물장구치던 내린천의 상류에는
물귀신이 나온다는 용소가 있었다
벌거벗은 사내가 동네 어귀에 나타나면
어른들은 아이들을 숨겼다

골짜기를 덮기 시작한 땅거미를 끌고
사내는 달렸다
사람들이 부르는 이름을 가로질러
별에서 별로 건너뛰는 거인처럼

사내의 몸이 저녁 빛을 감아 들일 때
저녁은 처녀의 검은 눈동자처럼 사내를 감아 들였다
흰 달은 비릿한 바람을 풀어놓았다

〉

한 줄기 환희를 뽑아내기 위해

시간 밖으로 제 그림자를 밀어 넣는 사내

사지를 펼치며 소리를 지른다

무! 무! 무!

문예중앙시선 52

달의 기식자

초판 1쇄 발행 | 2017년 11월 13일

지은이 | 김연아
발행인 | 이상언
제작총괄 | 이정아
편집 | 송승언
디자인총괄 | 이선정
디자인 | 김진혜

발행처 | 중앙일보플러스(주)
주소 | (04517) 서울시 중구 통일로 92 에이스타워 4층
등록 | 2008년 1월 25일 제2014-000178호
판매 | 1588 0950
제작 | 02 6416 3933
홈페이지 | www.joongangbooks.co.kr
페이스북 | www.facebook.com/hellojbooks

ISBN 978-89-278-0902-9 03810

• 책값은 뒤표지에 있습니다.
• 잘못된 책은 구입처에서 바꿔 드립니다.

문예중앙은 중앙일보플러스(주)의 문학 단행본 브랜드입니다.

문예중앙시선 목록

01	조연호	농경시
02	여정	벌레 11호
03	김승강	기타 치는 노인처럼
04	송재학	진흙 얼굴
05	김언	거인
06	박정대	모든 가능성의 거리
07	이경림	내 몸속에 푸른 호랑이가 있다
08	안현미	곰곰
09	이준규	삼척
10	이승원	강속구 심장
11	강정	활
12	이영광	그늘과 사귀다
13	장석주	오랫동안
14	최승철	갑을 시티
15	강연호	기억의 못갖춘마디
16	홍일표	매혹의 지도
17	유안진	걸어서 에덴까지
18	임곤택	지상의 하루
19	박시하	눈사람의 사회
20	문정희	카르마의 바다
21	임선기	꽃과 꽃이 흔들린다
22	고운기	구름의 이동속도
23	장승리	무표정
24	우대식	설산 국경
25	김박은경	중독
26	박도희	블루 십자가

27	허만하	시의 계절은 겨울이다
28	고진하	꽃 먹는 소
29	권현형	포옹의 방식
30	위선환	탐진강
31	최호일	바나나의 웃음
32	심재휘	중국인 맹인 안마사
33	정익진	스캣
34	김안	미제레레
35	박태일	옥비의 달
36	박장호	포유류의 사랑
37	김은주	희치희치
38	정진규	우주 한 분이 하얗게 걸리셨어요
39	유형진	우유는 슬픔 기쁨은 조각보
40	홍일표	밀서
41	권기덕	P
42	김형술	타르초, 타르초
43	조동범	금욕적인 사창가
44	조혜은	신부 수첩
45	성윤석	밤의 화학식
46	박지웅	빈 손가락에 나비가 앉았다
47	신동옥	고래가 되는 꿈
48	송종찬	첫눈은 혁명처럼
49	최규승	끝
50	임곤택	너는 나와 모르는 저녁
51	이정란	이를테면 빗방울
52	김연아	달의 기식자